23067

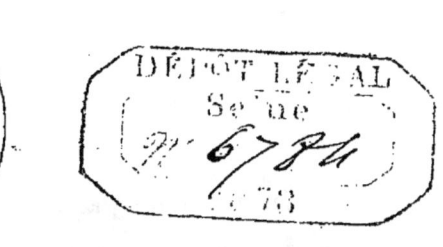

La possibilité d'instruire le Sourd-Muet une fois reconnue et mise en pratique, son infirmité a été largement atténuée par les soins qu'on met à développer son intelligence.

Pour hâter ce développement intellectuel, il faut faciliter, en même temps que rendre plus nombreuses ses relations avec le monde extérieur.

Pour communiquer avec lui, sauf la mimique, don gracieux que la nature elle-même a fait au Sourd-Muet, comme si elle avait voulu le dédommager des rigueurs du sort à son égard, il n'est pas de moyen plus prompt et plus à la portée de toutes les intelligences que la dactylologie.

La dactylologie n'est autre chose que la reproduction de l'écriture dans l'espace, et par cela même essentiellement rapide.

Différents essais d'alphabet manuel ont été tentés, mais aucun n'est sorti du cadre étroit que forment les vingt-cinq positions de la main pour représenter les vingt-cinq lettres de notre langue.

Un quart de page suffisait à indiquer les lettres et les positions de la main.

Le trop de simplicité était ici une cause de complication et d'embarras.

La nécessité de grouper avec facilité, les divers éléments qui constituent le mot, obligeant à des recherches, nous avons trouvé plus simple de supprimer cette difficulté.

Le nom de chaque dessin exprimé par des signes dactylologiques fournira une véritable lecture.

Ce sera le mot écrit dactylologiquement.

Les dessins auront un autre avantage.

Ils donneront la clef de l'idée qu'ils représentent.

A la vue du dessin, tout le monde pourra faire le signe indiqué par la gravure, et par conséquent, s'exprimer dans le langage du Sourd-Muet, et se faire comprendre de celui-ci.

Ces quelques signes exprimant des idées usuelles ne seront pas sans utilité pour ceux qui désirent converser avec le Sourd-Muet.

En imprimant cet ouvrage, nos vœux seraient comblés, si les dessins dont notre alphabet est accompagné, et l'attrait auquel nous nous efforçons d'atteindre, le rendaient agréable et utile à ceux qui ont à cœur l'intérêt des Sourds-Muets.

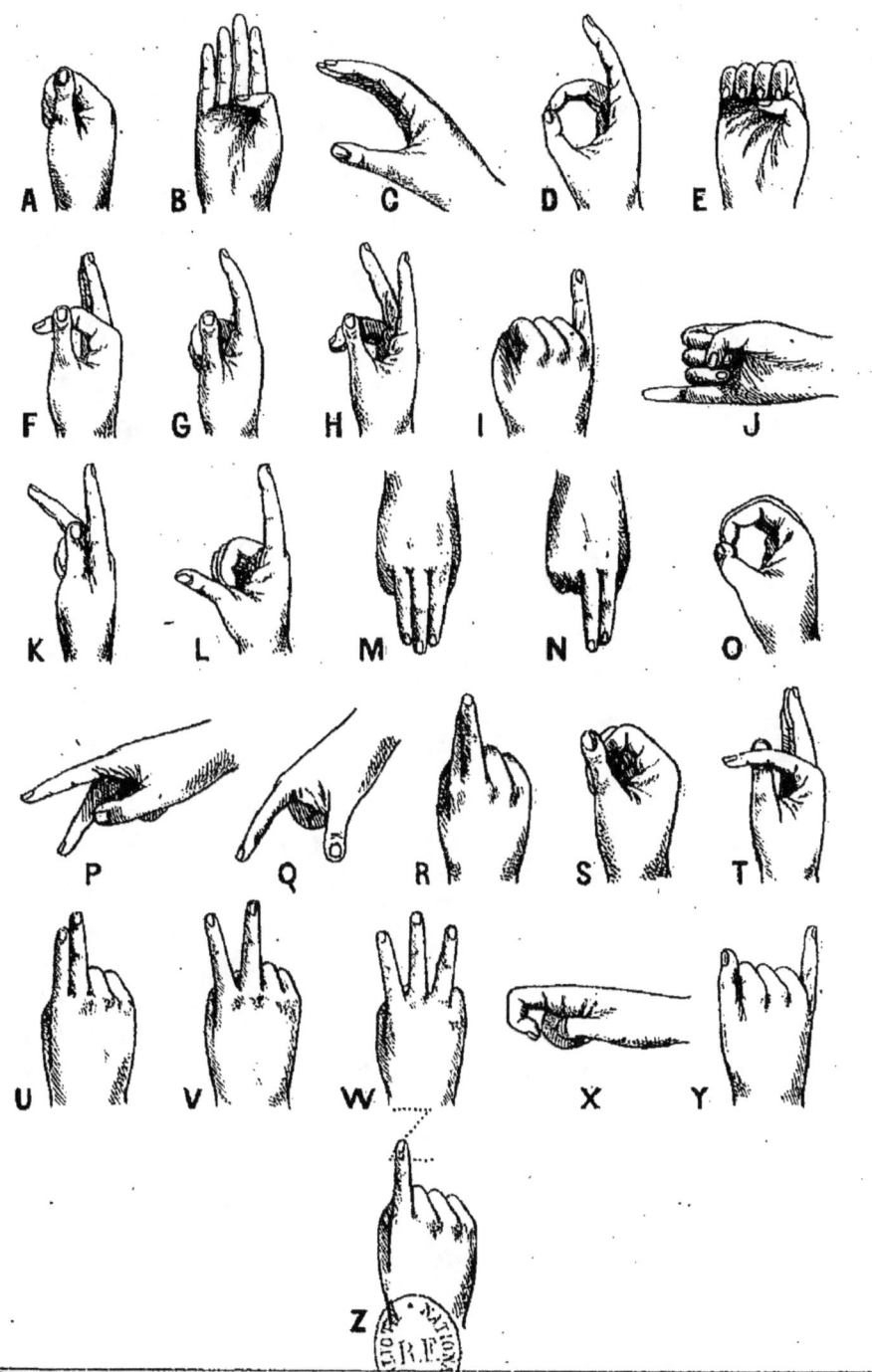

A

Âne

Arbre

B  *B*

Bœuf   Balance

C

Chasseur　　　　Cheval

C

Chasseur

Cheval

D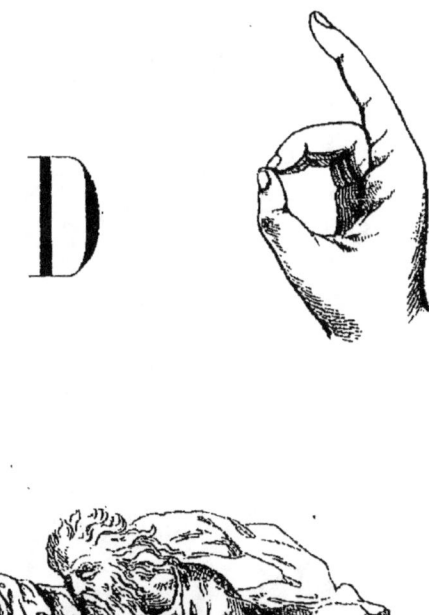

Dieu   Dame

E  *E*

Eau   Enfant

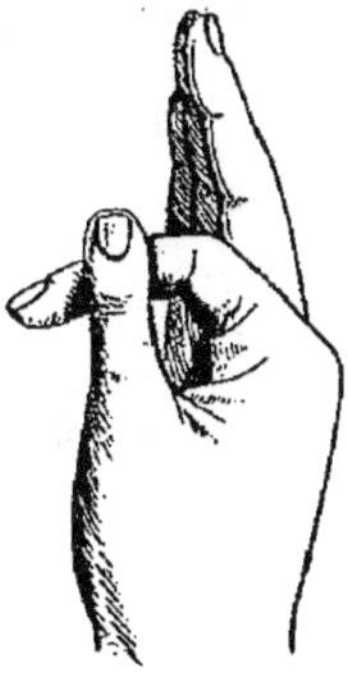

F

Fou   Faucheur

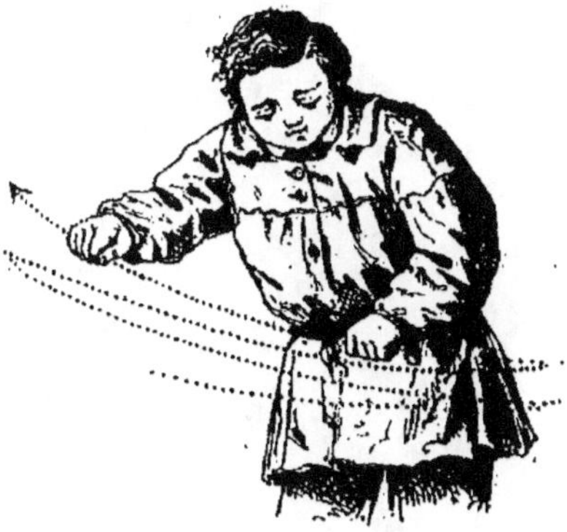

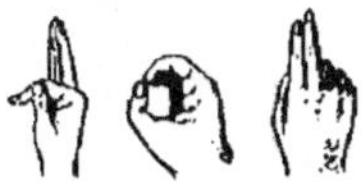

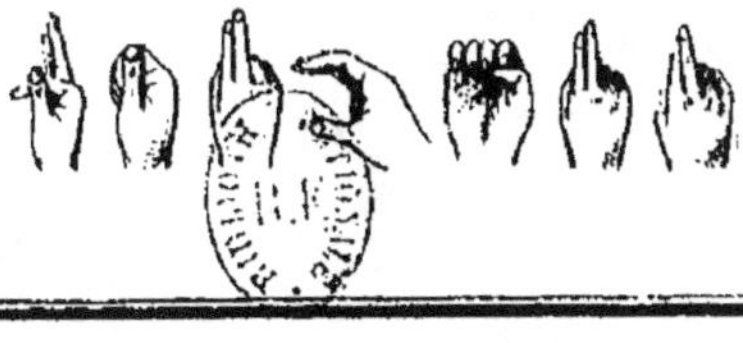

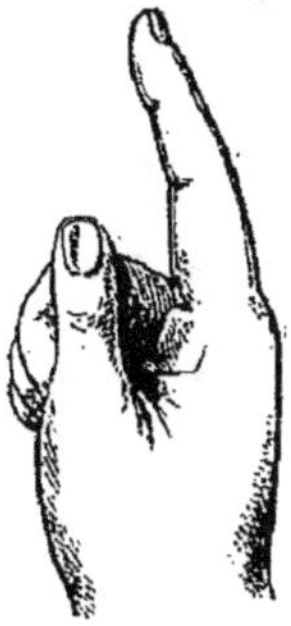

G

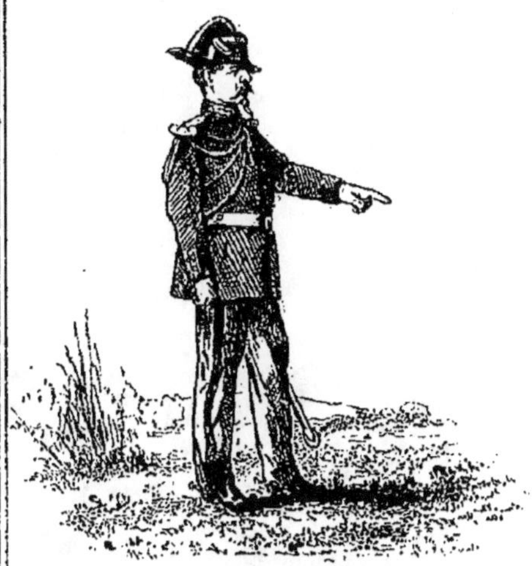

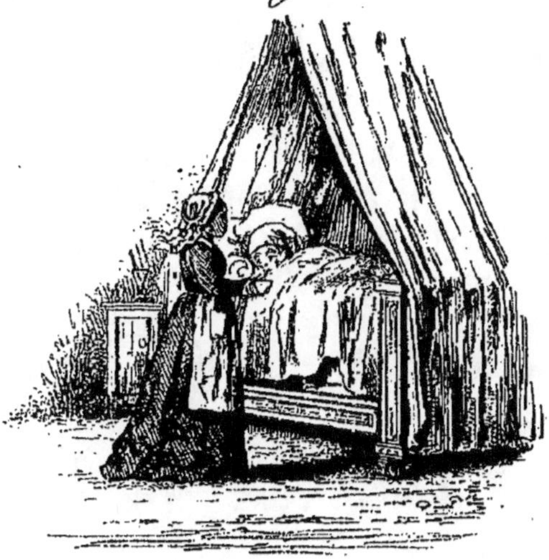

Gendarme | Garde-Malade

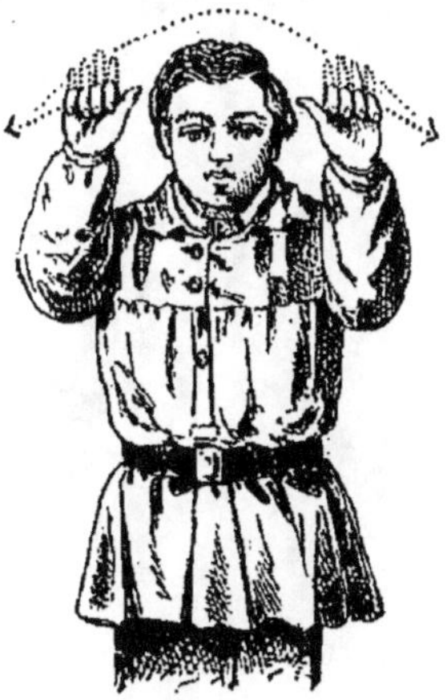

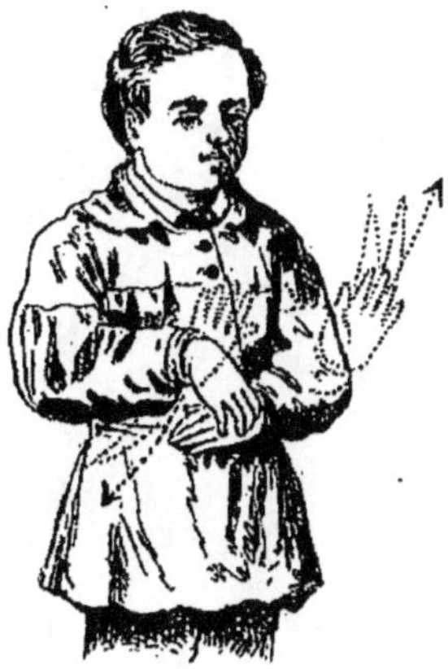

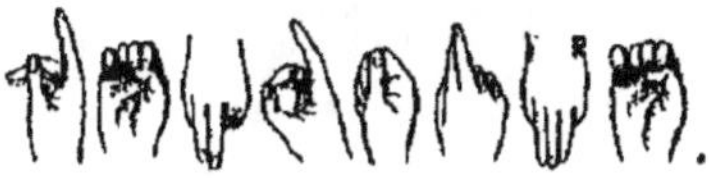

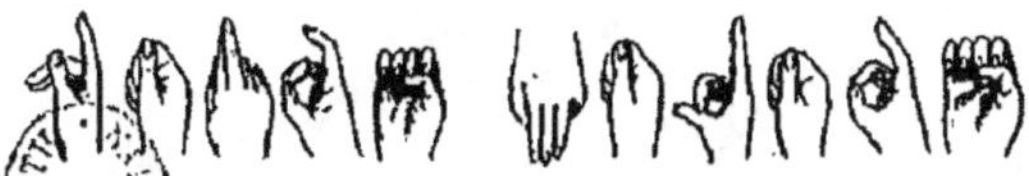

H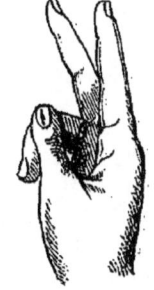

Harpe

I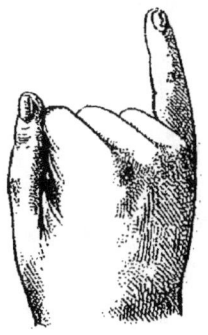

Ignorant　　　Imprimeur

J 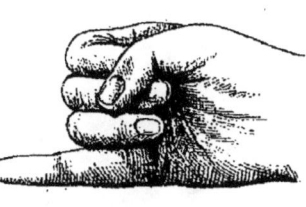 J

Jésus-Christ   Juge

K 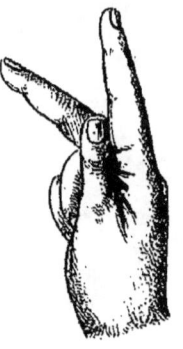 𝒦

Kabyle   Képi

L

Lapin   Livre

M 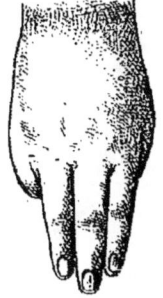 *M*

Mendiant   Malade

N

Nager   Noix

O

Officier  Oeuf

P  𝒫

Pain   Paresseux

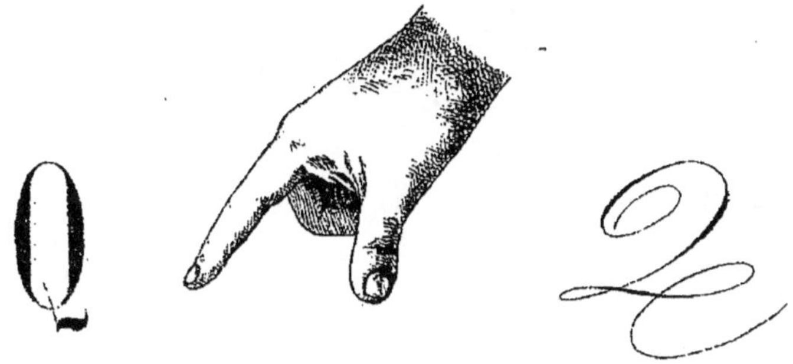

Querelleurs   Quêteuse

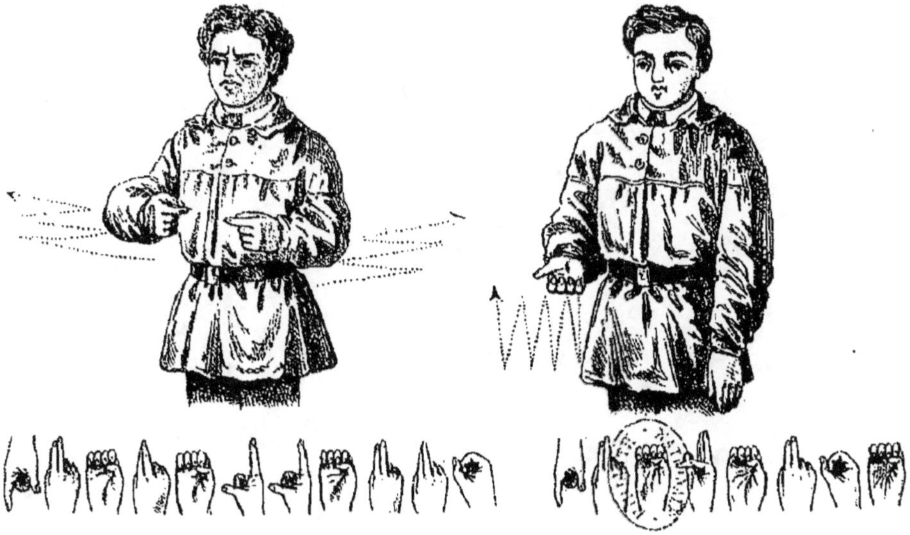

R 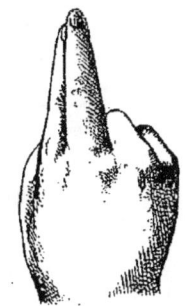 ℛ

Roi   Raisin

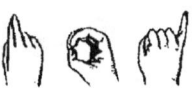 

S $\mathcal{S}$

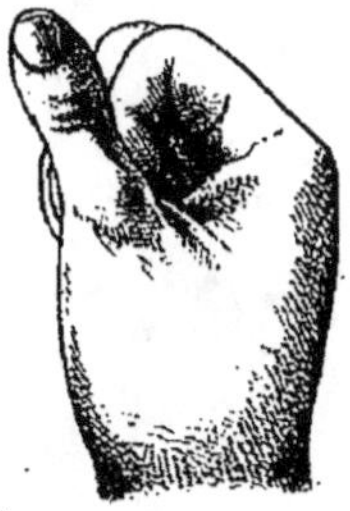

Soldat　　　Servante

T  𝒯

Tambour   Tabatière

U 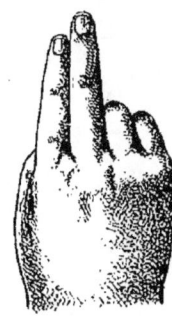 𝒰

Ursuline　　　Uniforme

V

Viande   Vin

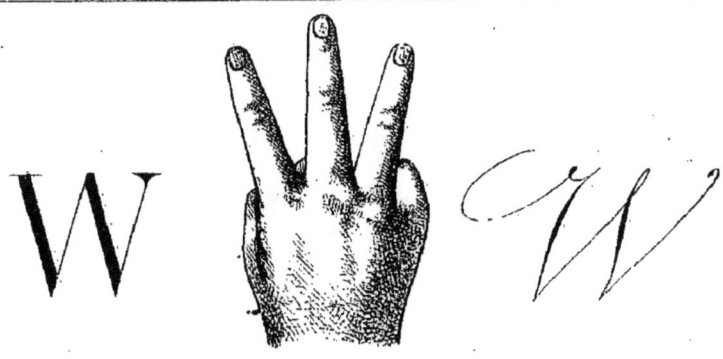

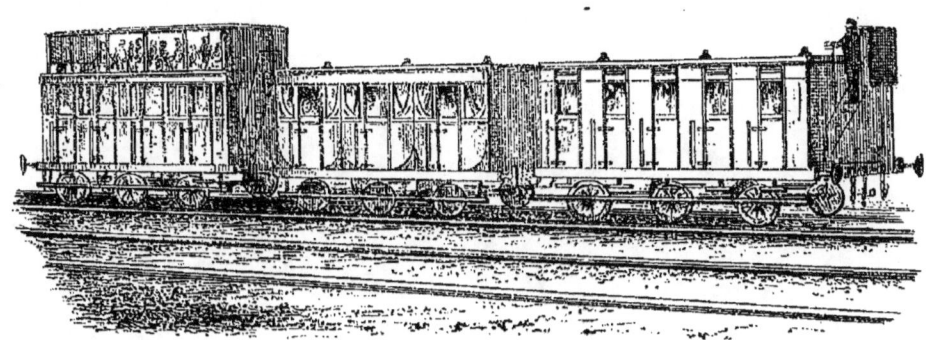

Wagon

X 𝒳

Xilographe (Sculpteur sur bois.)

X

Xilographe (Sculpteur sur bois.)

Y y

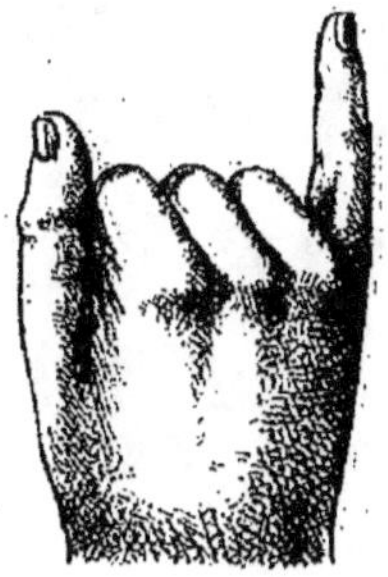

Yacht   Yeux

Z

    Zébre   Zouave

EN VENTE.

GRAND TABLEAU DACTYLOLOGIQUE

pour classe

format Jésus...................... 1f. „

PETIT TABLEAU DE FAMILLE ILLUSTRIE

avec teinte in ¼ Jésus............ „ 50

ALPHABET

sur carte porcelaine............. „ 15

id   vélin................. „ 10

Les mêmes sur papier ordinaire

le cent........................ 2f 50

ALPHABET DACTYLOLOGIQUE

avec 104 dessins variés......... 1f 25

Imp. J. Clamaron, r. St Jacques, 254.

www.ingramcontent.com/pod-product-compliance
Lightning Source LLC
LaVergne TN
LVHW022125080426
835511LV00007B/1028